AF349732

HISTOIRE PRODIGIEVSE,

D'VN GENTILHOMME

auquel le Diable s'est apparu,
& auec lequel il a conuersé,
soubs le corps d'vne
femme morte.

*Aduenuë à Paris le premier
de Ianuier 1613.*

A PARIS,

Chez FRANÇOIS DV CARROY,
Libraire, ruë de la Harpe au
Mouton rouge.

M. DC. XIII.

HISTOIRE PRODIGIEVSE

d'vn Gentilhomme auquel le Diable s'est apparu, & auec lequel il a conuersé soubs le corps d'vne femme morte, aduenuë à Paris le 1. Ian. 1613.

LES hommes sont sourds maintenant, ils n'entendent, les voix de Dieu ny des Prophetes, ils suiuent leurs desordonnés appetits à bride abbatuë, ils ne suiuent que ce qui fuit comme eux, & n'en peuuent iamais atteindre la perfection; quittent ce qu'il y a de plus stable & arresté: & semblent ceux qui batus d'vne tempeste en haute mer, estant approchés du port mesprisent le peril & la fureur d'icelle,

& contents de voisiner la rade, ne
voulants s'arrester au port, comme leur estant tout acquis, vien-
nent quelquesfois à faire naufra-
ge & estre priués de leur espoir,
qui pour toute asseurance n'auoit
que l'instabilité d'vn vaisseau. Les
hommes dis-ie sont semblables à
ceux cy : car sçachant que Dieu
leur tient les bras ouuerts, ils
croient estre tousiours assez
temps d'y paruenir & flottent sur
la rade de leurs plaisirs, iusqu'à tãt
que la bourasque de quelque ef-
frené passion les engloutisse, tel-
lement qu'ils y demeurent enue-
loppés : mais Dieu comme bon
Pere leur tend la main, & les voyant si incredules des dãgers qu'ils
encourent viẽt aux exemples. Et
combien que par cy-deuant ils
nous en aye faiĉt voir plusieurs &

bien prodigieux, il nous a encore
mis comme deuant les yeux ce-
luy cy, lequel il a voulu arriuer en
ceste ville de Paris, comme en la
source qui eslargit ces ruisseaux
par toutes les autres, afin qu'e-
stant cogneu il vienne à estre dif-
persé par tout le monde.

Il aduint que le premier iour
de ce mois de Ianuier, 1613. pendant que ces pluyes qui nous ont
si long temps tourmentees du-
roient encore, il y eut vn jeu-
ne Gentilhomme demeurant en
ceste ville, lequel retournant l'a-
presdinee enuiron les quatre
heures de quelque compagnie
auec laquelle il auoit passé vne
bonne partie du iour : rencontre
dans vne petite allee qui faisoit
l'entree de sa porte : vne ieune
Damoiselle bien en ordre ayant

apparence de quelque courtifane
bien veftuë d'vne robbe de tafe-
tas defcoupé, enrichie d'vn colier
de perles & autres plufieurs ioy-
aux beaux & bien apparens : laquelle comme eftonnee & tou-
tesfois d'vne façon riante s'adreffa
au Gentilhomme & luy dit, Mon-
fieur, combien que l'iniure du
temps ne me permette de me
mettre à fa mercy, i'aymeray tou-
tefois mieux m'y expofer que de
dire que ie vous puiffe apporter la
moindre incommodité du monde, occupant icy fans permiffion
aucune l'entree de voftre logis,
que fi c'eft chofe que ie puiffe faire fans voftre mefcontentement,
ie vous en feray autant obligee
toute ma vie que pas vne de celles
qui ayent iamais eu l'honneur
d'eftre vos plus affectionnees fer-

uantes. Le Gentil-homme confi-
derant ce que la Damoiſelle pou-
uoit eſtre, iugeant de l'exterieur,
& voyant l'honeſteté de laquelle
elle auoit vſé, creut eſtre de ſon
debuoir luy rendre le ſemblable
tant de parolle que d'effect, &
pour ce luy dit, Madamoiſelle ie
ſuis grandement faſché de ce que
ma venuë a eſté trop tardifue
pour vous pouuoir teſmoigner
le ſeruice que i'ay voüé de tout
temps aux Dames & principale-
ment à celles de voſtre qualité, &
pour vous le faire recognoiſtre ie
ne vous offre pas ſeulement le logis, mais tout ce qui depend de
moy & ce que vous croirez eſtre
en ma puiſſance ou ie vous pour-
ray rendre tres-humble ſeruice,
& ce pendant ie vous ſupliray
prendre la peine d'entrer attendát

que la pluye soit passee. La Damoiselle luy dit, Monsieur ie n'ay
iamais merité l'offre que vous me
faites, & ie m'en reuengeray en
quelque part que ce soit, où l'oc-
casion s'en presentera, mais ie
vous priray seulement me per-
mettre que i'attende icy mon ca-
rosse lequel i'ay enuoié querir par
mon laquais ; non dit le Gentilhomme vous m'obligerés de venir prendre vne chestifue cola-
tion attendant vostre carrosse: &
combien que vous ne soiez re-
ceuë selon vostre qualité & meri-
te, ie m'efforceray à vous rendre
ce qui fera de mon debuoir. En
fin apres plusieurs contestations
de part & d'autre, la Damoiselle
entra & se coleroit extremement
de ce que ce laquais ne venoit: la
iournee ce passe sans que le laquais

quais euſt des iambes, ny le car-
roſſe des rouës pour venir. L'heu-
re du ſouppé ia venuë, le Genti-
homme ſ'efforce de la traiter le
mieux qu'il peut. Lors que ſ'apro-
che le temps de ſe coucher, la Damoiſelle le ſupplie, que puiſque il
luy a tant faict d'honneur que de
la retirer, qu'il luy face encore cé
bien que de luy donner vn lict à
elle ſeule, veu qu'il ne ſeroit pas
bien ſeant à vne ieune Damoiſelle d'admettre quelqu'vn à ſa couche, ce qui lui octroia facilement:
En ſe deshabillant il luy tint quelque diſcours amoureux, auſquels
il la trouuoit reſpondre comme
ſçauāte en cet art, ce qui l'eſmeut,
& croyant qu'il obtiendroit d'elle
facilement ce qu'il deſiroit, la laiſſe coucher, puis pouſſé de l'auda-
ce qui a partié à l'amour ſeulemēt

de nous donner, il fonde le gay
& la va trouuer dans fon lict fai-
fant femblant de f'enquerir fi elle
eftoit bien ou non, & peu à peu
en difcourant luy coula la main
fur le fein, ce qu'elle endura: en
fin par plufieurs pourfuittes il ob-
tint quelques baifers auec pro-
meffe d'autre chofe, baifers qui
alument le feu en fon ame, la fla-
me duquel côfumme nos efprits
& qui de fa fumee obfcurcit les
yeux de noftre entendement:
Voila donc ce pauure abufé qui a
biê de la peine à obtenir ce qu'on
luy voudroit auoir concedé. En
fin apres vne infinité de prieres ce
qu'il defire luy eft permis; le voyla foudain qu'il fe couche . Mais
ie vous prie laiffons iouir ce pauure Gentilhomme des plaifirs
qu'il croyoit eftre parfaits, côbien

que n'en estant que l'ombre ils
luy causeront autant de repentirs
que de fois il a pensé à se les ac-
querir: & vrayement on le plain-
dra quant on sçaura l'issuë de ceste
Histoire. Pendant que la nuict ce
passe il faict vn songe qui le tour-
mente fort touchant celle qu'il
auoit couchée aupres de luy, estát
donc le matin venu il se leue, &
craignant que quelqu'vn né le
vint voir, & que voyant ceste
Damoiselle on en pensast quelque chose, il l'enuoie esueiller par
son laquais, auquel elle respondit
qu'elle n'auoit point dormy la
nuict & qu'il luy permit se re-
compenser sur la matinee: à quoy
le laquais ne respondit rien, & ra-
porta cela à son Maistre, lequel
apres auoir faict quelque petit
tour de ville, retourné qui fut auec

quelques vns de ces amis ne les
vouloit faire monter en sa cham-
bre que premierement il n'eust
enuoyé son homme aduertir la
Damoiselle qu'elle sortit : toute-
fois il se resolut d'y aller luy mes-
me afin de s'excuser enuers elle si
elle n'auoit esté mieux traictee:
où estant paruenu il tire le rideau,
& l'ayant appellée par quelques
noms amoureux la voulut pren-
dre par le bras, mais il la sentit aussi
froide qu'vn glaçon & sans pouls
ou haleine quelconque : de-
quoy tout effraié il appelle son
hoste, mais en vain, car iceluy
estant arriué accompagné de plusieurs autres, on la trouue toute
roide morte, alors l'on fit venir
soudain la Iustice & des Mede-
cins, lesquels tous d'vn commun
accord dirent que s'estoit le corps

d'vne femme laquelle y auoit
quelque temps qui auoit esté
penduë, & que c'estoit vn Diable
qui s'estoit reuestu de son corps
pour deceuoir ce pauure Gentilhomme. Ils n'eurent pas proferé
ces parolles qu'à la veuë de tous
il s'esleue vne grosse & obscure
fumee dans le lict qui dura enuiron l'espace d'vn *Pater*, & auec
vne puanteur extreme leur offus-
qua les sens de telle sorte qu'ils
perdirent de veuë sans sçauoir ny
quoy ny comment, celle qui
estoit dans le lict. Enfin ceste fumee petit à petit se diminuant
disparut, & ils ne trouuerent que
la place où estoit ceste charogne.
Lors tous generalemét autant les
vns que les autres desploroient
l'accident qui estoit suruenu à ce
pauure Gentilhomme, lequel ie

vous laiſſe à penſer ſil eſtoit eſtô-
né d'auoir habité toute la nuict
auec vn Demon & eſtre arriué en
ſon endroit l'effet d'vne choſe ſi
prodigieuſe & difficile à croire, ſi
ce n'eſtoit que le teſmoignage de
ceux qui l'ont veu nous l'aprend
& la ſuffiſance de ceux qui eſtoiét
preſens, laquelle nous le doit aſ-
ſés confirmer. C'eſt par ceſt exé-
ple que Dieu veut rapeler ceux
qui laſchant la bride à leurs paſ-
ſions ſe laiſſent emporter à toutes
ſortes de femmes incogneuës
deſquels nous n'auons iamais tãt
veu qu'il y en a pour le preſent;
pour dis-je rapeler & donner à
cognoiſtre que telle ſorte de gens
ſont touſiours en danger de faire
la meſme rencontre que ce Gentilhomme : & afin de les ramener
à la voix de pureté qui eſt l'vne

des principales clefs qui nous
ouure les portes du lieu auquel
nous attendons eſtre bien-heu-
reux apres ce paſſage, où nous ne
pouuons paruenir qu'eſtans
mondifiés & purgés de tous ces
ſales & deshonneſtes plaiſirs. Et
voyla ce que ie t'ay voulu preſen-
ter Lecteur, comme choſe plus
digne de ſoy d'eſtreveuë que non
pas par le groſſier Diſcours duquel ie l'ay ourdie. Ie te prie donc
la recepuoir pour la choſe & non
pour la parole en attendant
mieux, Ainſi ſoit il.

FIN.

Dieu demeure auec nous.